AF265917

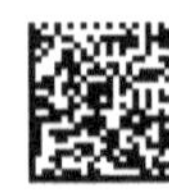